Nhá Chica
Bem-aventurada
Francisca de Paula de Jesus

Aparecida Matilde Alves

Nhá Chica
**Bem-aventurada
Francisca de Paula de Jesus**

Novena, história e orações

Citações bíblicas: Bíblia Sagrada – tradução da CNBB, 7. ed., 2008.
Editora responsável: Andréia Schweitzer
Equipe editorial

1ª edição – 2013
5ª reimpressão – 2020

Nenhuma parte desta obra poderá ser reproduzida ou transmitida por qualquer forma e/ou quaisquer meios (eletrônico ou mecânico, incluindo fotocópia e gravação) ou arquivada em qualquer sistema ou banco de dados sem permissão escrita da Editora. Direitos reservados.

Paulinas
Rua Dona Inácia Uchoa, 62
04110-020 – São Paulo – SP (Brasil)
Tel.: (11) 2125-3500
http://www.paulinas.com.br – editora@paulinas.com.br
Telemarketing e SAC: 0800-7010081

© Pia Sociedade Filhas de São Paulo – São Paulo, 2013

Introdução

Ainda moça, Nhá Chica, natural do Distrito do Rio das Mortes, pertencente a São João Del-Rei, era já aclamada pelo povo como a "Santa de Baependi", a "Mãe dos Pobres".

Tinha o piedoso costume de convidar os pobres e demais moradores daquela redondeza para, em determinado dia da semana, com ela elevarem preces à Virgem Mãe de Deus...

Após as orações, ela distribuía alimentos aos pobres, que, para isso, já iam até lá munidos de suas vasilhas. Recebia esmolas e dava esmolas... Ninguém batia à sua porta sem receber em troca algum tipo de ajuda.

Serviço e oração eram as características da vida de Francisca de Paula de Jesus

O pároco de Baependi (MG) assim a definiu certa vez: "Nhá Chica é simplesmente uma pobre mulher analfabeta, uma fiel serva de Deus cheia de fé".

Quando interpelada, ela respondia, dizendo: "Eu repito o que me diz Nossa Senhora e nada mais: eu rezo a Nossa Senhora, que me ouve e me responde"...

Em 1818, quando a pequena Francisca tinha apenas 10 anos de idade, sua mãe passou desta vida para a outra, deixando aos cuidados de Deus e da Virgem Maria duas crianças, Nhá Chica e Teotônio – que galgou as alturas do poder político, judicial e militar da vila de Baependi, chegando a ser vereador, juiz de vintena e tenente da guarda imperial.

Órfãos de mãe, sozinhos no mundo, as duas crianças cresceram sob os cuidados e a proteção de Nossa Senhora, que pouco a pouco foi conquistando o coração de Nhá Chica, que a chamava carinhosamente de "minha sinhá", isto é, "minha senhora", e que nada fazia sem primeiro consultá-la.

Nhá Chica soube administrar muito bem e fazer prosperar a herança espiritual que recebera da mãe. Nunca se casou; rejeitou todas as propostas de casamento que lhe apareceram, pois se dedicou totalmente ao Senhor. Além disso, era amiga tanto dos pobres quanto dos ricos e, sobretudo, dos mais necessitados. Atendia a todos os que a procuravam, sem discriminar ninguém, tendo sempre uma palavra de conforto, um conselho ou uma promessa de oração. Ainda muito jovem, era procurada para dar conselhos, fazer orações e dar sugestões para pessoas que lidavam com algum negócio.

Sua fama de santidade foi se espalhando de tal modo, que pessoas de muito longe começaram a frequentar Baependi para conhecê-la, conversar com ela, falar-lhe de suas dores e necessidades e, sobretudo, para pedir-lhe orações. Reservava para si as sextas-feiras e não atendia ninguém. Era o dia em que lavava suas roupas e se dedicava ainda mais à oração e à penitência. E também em que se recordava da Paixão e Morte de Jesus Cristo, pela salvação de todos nós. Às três horas da tarde, intensificava suas orações e mantinha uma particular veneração à Virgem da Conceição, com a qual tratava familiarmente como a uma amiga.

Nhá Chica era analfabeta, não aprendeu a ler nem escrever; desejava somente ler as Escrituras Sagradas, mas alguém fazia isso para ela, o que a deixava feliz. Afirmava: "Nunca senti necessidade de aprender a ler. Só desejei ouvir ler as Escrituras santas; alguém me fez esse favor e fiquei satisfeita".

Em honra a Nossa Senhora da Conceição, construiu, ao lado de sua casa, uma igrejinha, onde venerava uma pequena imagem dela, que pertencera à sua mãe e diante da qual rezava piedosamente para todos aqueles que a ela se recomendavam.

Essa imagem encontra-se ainda hoje na sala da casinha onde ela viveu, sobre o altar da antiga capela.

Em 1954, a igreja de Nhá Chica foi confiada às Irmãs Franciscanas do Senhor – congregação religiosa de origem italiana –, que abriram, bem ao lado dela, uma obra de assistência social para menores, que vem sendo mantida por benfeitores devotos de Nhá Chica.

Ao longo dos anos, a "Igrejinha de Nhá Chica", depois de ter passado por algumas reformas, tornou-se o "Santuário Nossa Senhora da Conceição", que acolhe peregrinos de todo o Brasil e de diversas partes do mundo. Muitos vêm para pedir e outros tantos voltam para agradecer e registrar as graças recebidas.

Em 14 de junho de 1895, contando já com 87 anos de idade, Nhá Chica partiu para o Pai, mas foi sepultada somente no dia 18, no interior da capela que construíra.

As pessoas que ali estiveram testemunharam ter sentido exalar-se de seu corpo um misterioso perfume de rosas, durante os quatro dias de seu velório.

Os restos mortais de Nhá Chica encontram-se ainda hoje no mesmo lugar, no interior do Santuário Nossa Senhora da Conceição, em Baependi, protegidos por uma urna de acrílico colocada no interior de outra de granito, onde são venerados pelos fiéis.

Em 1991, Nhá Chica recebeu da Sagrada Congregação das Causas dos Santos o título de Serva de Deus, por sua fé e clarividência observadas ainda em vida.

Em 18 de junho de 1998, 103 anos depois de sua morte, foi feita a exumação de seu corpo, e autoridades eclesiásticas, membros do Tribunal Eclesiástico pela Causa de Beatificação de Nhá Chica e também os pedreiros que estavam no local sentiram novamente a presença do perfume de rosas.

Em 30 de abril de 2004, os bispos brasileiros, reunidos na 42ª Assembleia Geral, assinaram um documento pedindo à Santa Sé a beatificação de Nhá Chica, documento esse que reuniu 204 assinaturas de bispos de 25 estados brasileiros e que foi encaminhado ao Papa João Paulo II.

No dia 8 de junho de 2010, no Vaticano, foi dado parecer favorável às virtudes da Serva de Deus, Nhá Chica, e, no dia 14 de janeiro de 2011, o Papa Bento XVI aprovou suas virtudes heroicas – castidade, obediência, fé, pobreza, esperança, caridade, fortaleza, prudência, temperança, justiça e humildade – e a proclamou Venerável.

A seguir, uma graça alcançada pela professora Ana Lúcia Meirelles Leite foi aceita pelo Vaticano, que analisou o pedido de beatificação de Nhá Chica. Ana Lúcia descobriu que tinha um defeito congênito no coração, quando foi submetida a exames médicos, logo após uma isquemia, em julho de 1995. Seria, então, necessária uma cirurgia.

No entanto, um dia antes de fazer a cirurgia, ela foi acometida por uma febre muito alta, que a impediu de realizar a intervenção, marcada para nova data. Mas, logo depois, qual não foi a surpresa do médico ao constatar que a enfermidade já não existia mais. A abertura no coração havia fechado, sem necessidade de cirurgia. Médicos de Baependi, Pouso Alegre, Belo Horizonte e São Paulo deram testemunho de que a medicina não explicava o acontecido e que não haveria possibilidade de cura sem a cirurgia, a não ser por um milagre.

Comprovado e aceito o milagre operado em Ana Lúcia, Nhá Chica foi beatificada no dia 4 de maio de 2013.

A celebração da santa missa de beatificação foi presidida pelo Cardeal Angelo Amato, Prefeito da Congregação para a Causa dos Santos, que representou o Papa Francisco, em Baependi, sul de Minas Gerais.

Ana Lúcia Meirelles, testemunha do milagre alcançado pela intercessão de Nhá Chica, emocionada, levou ao altar as relíquias da nova beata.

"Testemunhas afirmam que ela rezava muito e que tinha sempre o Rosário nas mãos. Era adoradora do Santíssimo Sacramento e fiel contempladora da Paixão do Senhor; assídua à missa, atenta à homilia do pároco, passava horas e horas em adoração diante do tabernáculo. Fazia muitas penitências e mortificava-se. Era chamada 'Mãe dos Pobres'... A beatificação de Nhá Chica é uma lição de vida cristã para todos nós", destacou Dom Amato em sua homilia.

Sua festa será celebrada em 14 de junho, data de sua morte.

PRIMEIRO DIA

Uma pérola oculta

Em nome do Pai, do Filho e do Espírito Santo. Amém.

Oração inicial

Virgem da Conceição, vós fostes aquela Senhora que entrastes no céu vestida de sol, calçada de lua, coroada de estrelas e cercada de anjos... Vós prometestes ao Anjo Gabriel que socorreríeis todo aquele que invocasse vosso santo nome. Agora é a ocasião. Valei-me, Senhora da Conceição! *(repetir três vezes e pedir a graça desejada)*.

Salve, Rainha, Mãe de misericórdia, vida, doçura e esperança nossa, salve! A vós bradamos os degredados filhos de Eva, a vós suspiramos, gemendo e chorando

neste vale de lágrimas. Eia, pois, Advogada nossa, esses vossos olhos misericordiosos a nós volvei, e depois deste desterro mostrai-nos Jesus, bendito fruto de vosso ventre, ó clemente, ó piedosa, ó doce sempre Virgem Maria.

Rogai por nós, Santa Mãe de Deus!

Para que sejamos dignos das promessas de Cristo.

Palavra de Deus (Rm 5,3-5)

"[...] a tribulação gera a constância, a constância leva a uma virtude provada e a virtude provada desabrocha em esperança. E a esperança não decepciona, porque o amor de Deus foi derramado em nossos corações pelo Espírito Santo que nos foi dado".

Testemunho sobre Nhá Chica

"Depois de todas as pesquisas possíveis, estamos convencidos de que a Providência permitiu que Nhá Chica fosse transformada numa pérola oculta. Da vida de Nhá Chica pouco sabemos. Conhecemos apenas o relato das maravilhas feitas em benefício do próximo, suficiente para justificar o culto que prestamos às suas virtudes e a seus exemplos de alma privilegiada que embelezou com dons especiais" (Frei Jacinto da Palazzolo).

Rezemos

Deus nosso Pai, vós revelais as riquezas do vosso Reino aos pobres e simples e, assim, agraciastes a Bem-aventurada Francisca de Paula de Jesus, Nhá Chica, com os dons da fé profunda, do amor ao próximo e também com grande sabedoria. Com confiança, vos pedimos, ó Pai, que nos concedais, pelos méritos dessa apóstola de vossa bondade e misericórdia, o crescimento na fé e que nos deixeis desfrutar de sua intercessão no céu, concedendo-nos a graça que neste momento vos pedimos (*fazer o pedido*). Por Cristo, Senhor nosso. Amém.[1]

Pai-Nosso, Ave-Maria, Glória-ao-Pai.

---

[1] Oração elaborada por Dom Fr. Diamantino Prata de Carvalho, bispo diocesano de Campanha – MG

SEGUNDO DIA

Uma vida angélica

Em nome do Pai, do Filho e do Espírito Santo. Amém.

Oração inicial

Virgem da Conceição, vós fostes aquela Senhora que entrastes no céu vestida de sol, calçada de lua, coroada de estrelas e cercada de anjos... Vós prometestes ao Anjo Gabriel que socorreríeis todo aquele que invocasse vosso santo nome. Agora é a ocasião. Valei-me, Senhora da Conceição! *(repetir três vezes e pedir a graça desejada).*

Salve, Rainha, Mãe de misericórdia, vida, doçura e esperança nossa, salve! A vós bradamos os degredados filhos de Eva, a vós suspiramos, gemendo e chorando

neste vale de lágrimas. Eia, pois, Advogada nossa, esses vossos olhos misericordiosos a nós volvei, e depois deste desterro mostrai-nos Jesus, bendito fruto de vosso ventre, ó clemente, ó piedosa, ó doce sempre Virgem Maria.

Rogai por nós, Santa Mãe de Deus!

Para que sejamos dignos das promessas de Cristo.

Palavra de Deus (Mt 5,3.7.9)

"Felizes os pobres no espírito, porque deles é o Reino dos Céus. Felizes os que choram, porque serão consolados. [...] Felizes os que têm fome e sede de justiça, porque serão saciados. Felizes os misericordiosos porque alcançarão misericórdia. [...] Felizes os que promovem a paz, porque serão chamados filhos de Deus."

Testemunho sobre Nhá Chica

O Cardeal Amato, presidente da celebração de beatificação, em Baependi, destacou as virtudes de Nhá Chica e as razões que deram a ela o título de beata. Para ele, Francisca viveu neste mundo uma vida angélica, foi uma cristã que seguiu fielmente Jesus Cristo, vivendo com heroísmo as virtudes, particularmente o amor a Deus e aos pobres.

Rezemos

Deus nosso Pai, fazei que nos voltemos realmente para vós, colocando nossa esperança em Cristo, testemunhando vosso amor infinito e misericordioso pela humanidade, e vinde em nosso auxílio para que pratiquemos sempre a verdade, a justiça e a caridade. Despertai-nos para o serviço do vosso Reino e fazei que, inspirados na doação incansável da Bem-aventurada Nhá Chica, abramos o nosso coração para os nossos irmãos mais necessitados. Concedei-nos, por sua intercessão, a graça que neste momento vos pedimos (*fazer o pedido*). Por Cristo, Senhor nosso. Amém.

Pai-Nosso, Ave-Maria, Glória-ao-Pai...

TERCEIRO DIA

Testemunha da misericórdia de Cristo

Em nome do Pai, do Filho e do Espírito Santo. Amém.

Oração inicial

Virgem da Conceição, vós fostes aquela Senhora que entrastes no céu vestida de sol, calçada de lua, coroada de estrelas e cercada de anjos... Vós prometestes ao Anjo Gabriel que socorreríeis todo aquele que invocasse vosso santo nome. Agora é a ocasião. Valei-me, Senhora da Conceição! *(repetir três vezes e pedir a graça desejada).*

Salve, Rainha, Mãe de misericórdia, vida, doçura e esperança nossa, salve! A vós bradamos os degredados filhos de Eva, a vós suspiramos, gemendo e chorando neste vale de lágrimas. Eia, pois, Advogada nossa, esses vossos olhos misericordiosos a nós volvei, e depois deste desterro mostrai-nos Jesus, bendito fruto de vosso ventre, ó clemente, ó piedosa, ó doce sempre Virgem Maria.

Rogai por nós, Santa Mãe de Deus!

Para que sejamos dignos das promessas de Cristo.

Palavra de Deus (Jo 3,21)

"Quem pratica a verdade se aproxima da luz, para que suas ações sejam manifestadas, já que são praticadas em Deus."

Testemunho sobre Nhá Chica

"Francisca de Paula de Jesus, leiga, virgem, mulher de assídua oração, perspicaz testemunha da misericórdia de Cristo para com os necessitados do corpo e do espírito, doravante seja chamada beata, e a sua festa seja celebrada todos os anos no dia 14 de junho" (Papa Francisco, carta de beatificação).

Rezemos

Deus eterno e Todo-poderoso, Pai amoroso e rico em misericórdia, que nos amais por primeiro. Motivados pelos exemplos da Bem-aventurada Nhá Chica, concedei-nos a graça de percebermos sempre em nossa vida e na vida dos nossos irmãos a vossa presença de Pai, que ama e cuida de cada um de seus filhos, e que, movidos pelo vosso amor por nós, sejamos testemunhas de caridade em nossa família, no nosso grupo de amigos e vizinhos, no trabalho e em toda parte. Por intercessão da Bem-aventurada Nhá Chica, concedei-nos a graça que neste momento vos pedimos (*fazer pedido*). Por Cristo, Senhor nosso. Amém.

Pai-Nosso, Ave-Maria, Glória-ao-Pai...

QUARTO DIA

Mãe dos pobres

Em nome do Pai, do Filho e do Espírito Santo. Amém.

Oração inicial

Virgem da Conceição, vós fostes aquela Senhora que entrastes no céu vestida de sol, calçada de lua, coroada de estrelas e cercada de anjos... Vós prometestes ao Anjo Gabriel que socorreríeis todo aquele que invocasse vosso santo nome. Agora é a ocasião. Valei-me, Senhora da Conceição! *(repetir três vezes e pedir a graça desejada).*

Salve, Rainha, Mãe de misericórdia, vida, doçura e esperança nossa, salve! A vós bradamos os degredados filhos de Eva, a vós suspiramos, gemendo e chorando

neste vale de lágrimas. Eia, pois, Advogada nossa, esses vossos olhos misericordiosos a nós volvei, e depois deste desterro mostrai-nos Jesus, bendito fruto de vosso ventre, ó clemente, ó piedosa, ó doce sempre Virgem Maria.

Rogai por nós, Santa Mãe de Deus!

Para que sejamos dignos das promessas de Cristo.

Palavra de Deus (Jo 3,16)

"Deus amou tanto o mundo, que deu o seu Filho único, para que todo o que nele crer não pereça, mas tenha a vida eterna."

Testemunho sobre Nhá Chica

Destacou Dom Angelo Amato, na celebração de beatificação de Nhá Chica: "Testemunhas afirmam que ela rezava muito e que tinha sempre o rosário nas mãos. Era adoradora do Santíssimo Sacramento e fiel contempladora da Paixão do

Senhor; assídua à missa, atenta à homilia do pároco; passava horas e horas em adoração diante do tabernáculo. Fazia muitas penitências e mortificava-se. Era chamada de 'Mãe dos Pobres'".

Rezemos

Divino e eterno Pai, vosso Filho nos amou até o fim e permaneceu conosco na Eucaristia... Que o amém que pronunciamos ao receber o Corpo e Sangue de Nosso Senhor nos disponha a um serviço humilde para com nossos irmãos famintos de amor.

A comunhão com a Igreja dos redimidos no céu é expressa e fortalecida na Eucaristia, por isso, por intercessão da Bem-aventurada Nhá Chica, concedei-nos a graça que neste momento vos pedimos (*fazer o pedido*). Por Cristo, Senhor nosso. Amém.

Pai-Nosso, Ave-Maria, Glória-ao-Pai.

QUINTO DIA

Devemos nos amar, não nos atrapalhar

Em nome do Pai, do Filho e do Espírito Santo. Amém.

Oração inicial

Virgem da Conceição, vós fostes aquela Senhora que entrastes no céu vestida de sol, calçada de lua, coroada de estrelas e cercada de anjos... Vós prometestes ao Anjo Gabriel que socorreríeis todo aquele que invocasse vosso santo nome. Agora é a ocasião. Valei-me, Senhora da Conceição! *(repetir três vezes e pedir a graça desejada)*.

Salve, Rainha, Mãe de misericórdia, vida, doçura e esperança nossa, salve! A vós bradamos os degredados filhos de Eva, a vós suspiramos, gemendo e chorando neste vale de lágrimas. Eia, pois, Advogada nossa, esses vossos olhos misericordiosos a nós volvei, e depois deste desterro mostrai-nos Jesus, bendito fruto de vosso ventre, ó clemente, ó piedosa, ó doce sempre Virgem Maria.

Rogai por nós, Santa Mãe de Deus!

Para que sejamos dignos das promessas de Cristo.

Palavra de Deus (Mt 25,40)

"Em verdade, vos digo: todas as vezes que fizestes isso a um destes mais pequenos, que são meus irmãos, foi a mim que o fizestes!"

Testemunho sobre Nhá Chica

Dom Diamantino, bispo diocesano de Campanha, diz que "a beata Nhá Chica viveu intensamente o primeiro e maior mandamento: 'amar a Deus e amar o próximo'. Ela mesma afirmou a seu irmão Teotônio, que a convidou para morar com ele, quando sua esposa morreu: 'Vou trabalhar, rezar e me ocupar com quem passa necessidades... não creio que vá gostar de ter em sua porta uns pobres desgraçados... Nossas escolhas de vida são diferentes... Devemos nos amar, não nos atrapalhar" (trecho extraído do livro *Nhá Chica, perfume de rosa*, de Gaetano Passarelli, São Paulo, Paulinas).

Rezemos

Deus nosso Pai, vós revelais a bondade e a sabedoria do vosso Filho Jesus nas pessoas que o procuram seguir e nos pequeninos e ocultais as novidades do Reino aos sábios deste mundo. Por intercessão da Bem-aventurada Nhá Chica, fiel seguidora de Jesus Cristo, devota ardorosa de Maria Santíssima e filha dócil da santa Igreja, nós vos pedimos que nos concedais a graça que neste momento vos pedimos (*fazer o pedido*). Por Cristo, Senhor nosso. Amém.

Pai-Nosso, Ave-Maria, Glória-ao-Pai...

SEXTO DIA

Um perfume forte e suave

Em nome do Pai, do Filho e do Espírito Santo. Amém.

Oração inicial

Virgem da Conceição, vós fostes aquela Senhora que entrastes no céu vestida de sol, calçada de lua, coroada de estrelas e cercada de anjos... Vós prometestes ao Anjo Gabriel que socorreríeis todo aquele que invocasse vosso santo nome. Agora é a ocasião. Valei-me, Senhora da Conceição! *(repetir três vezes e pedir a graça desejada).*

Salve, Rainha, Mãe de misericórdia, vida, doçura e esperança nossa, salve! A vós bradamos os degredados filhos de Eva, a vós suspiramos, gemendo e chorando

neste vale de lágrimas. Eia, pois, Advogada nossa, esses vossos olhos misericordiosos a nós volvei, e depois deste desterro mostrai-nos Jesus, bendito fruto de vosso ventre, ó clemente, ó piedosa, ó doce sempre Virgem Maria.

Rogai por nós, Santa Mãe de Deus!

Para que sejamos dignos das promessas de Cristo.

Palavra de Deus (Lc 1,28.30.35.38)

"O anjo entrou onde Maria estava e disse: 'Alegra-te, cheia de graça! O Senhor está contigo. [...] Não tenhas medo. Encontraste graça junto a Deus. [...] O Espírito Santo descerá sobre ti, e o poder do Altíssimo te cobrirá com a sua sombra [...]'. Maria disse: 'Eis aqui a serva do Senhor! Faça-se em mim segundo a tua palavra'."

Testemunho sobre Nhá Chica

Escreveu o bispo de Campanha, Dom Diamantino de Carvalho: "Declaro que, em 18 de julho de 1998, entrando na igreja de Nossa Senhora da Conceição de Nhá Chica, para a exumação dos restos mortais da serva de Deus, notei que a igreja estava impregnada de um perfume forte e suave. Perguntei à irmã Célia B. Cadorin se tinha usado algum perfume. Ela me respondeu: 'Não, esse perfume vem dali', indicando o túmulo de Nhá Chica".

Rezemos

Eterno e onipotente Deus, vós nos destes vosso Filho Jesus, que derramou seu sangue na cruz por amor a cada um de nós. Vossa serva Nhá Chica dedicou a vida a socorrer os mais pobres e necessitados, sem medir esforços, e tudo isso por respeito e amor ao próximo. Que, por sua intercessão, nos tornemos fortes na fé, no amor, na esperança, para que possamos ser fiéis à vontade de Deus até o fim de nossa vida, e que assim possais nos conceder a graça que neste momento vos pedimos (*fazer o pedido*). Por Cristo, Senhor nosso. Amém.

Pai-Nosso, Ave-Maria, Glória-ao-Pai.

SÉTIMO DIA

Tenham fé e acreditem

Em nome do Pai, do Filho e do Espírito Santo. Amém.

Oração inicial

Virgem da Conceição, vós fostes aquela Senhora que entrastes no céu vestida de sol, calçada de lua, coroada de estrelas e cercada de anjos... Vós prometestes ao Anjo Gabriel que socorreríeis todo aquele que invocasse vosso santo nome. Agora é a ocasião. Valei-me, Senhora da Conceição! (*repetir três vezes e pedir a graça desejada*).

Salve, Rainha, Mãe de misericórdia, vida, doçura e esperança nossa, salve! A vós bradamos os degredados filhos de Eva, a vós suspiramos, gemendo e chorando

neste vale de lágrimas. Eia, pois, Advogada nossa, esses vossos olhos misericordiosos a nós volvei, e depois deste desterro mostrai-nos Jesus, bendito fruto de vosso ventre, ó clemente, ó piedosa, ó doce sempre Virgem Maria.

Rogai por nós, Santa Mãe de Deus!

Para que sejamos dignos das promessas de Cristo.

Palavra de Deus (Lc 1,46-49)

"Minha alma engrandece o Senhor, e meu espírito se alegra em Deus, meu Salvador, porque olhou para a humildade de sua serva. Todas as gerações, de agora em diante, me chamarão feliz, porque o Poderoso fez para mim coisas grandiosas."

Testemunho sobre Nhá Chica

Diz Ana Lúcia Meirelles Leite, que foi curada de um problema congênito no coração, por intercessão da Bem-aventurada

Nhá Chica: "Eu me emociono em saber que fui instrumento para Nhá Chica ir para o altar... Eu só posso agradecer e recomendar a todos que façam como eu: tenham fé e acreditem. Assim como eu, todos podem conseguir os favores de Deus através dela".

Rezemos

Deus nosso Pai, que concedestes a Francisca de Paula de Jesus a fidelidade aos vossos mandamentos, numa vida cheia de amor e compaixão para com os mais necessitados, numa vida de fé profunda e exemplar, seguidora de Jesus Cristo e amante de Maria, sua mãe santíssima. Também nós vos pedimos uma fé resistente a toda prova, uma caridade que nos impulsione à doação de nossa vida aos outros, um coração inflamado de amor por vós e a confiança terna e filial a Maria, vossa e nossa mãe. Concedei-nos, também, por

intercessão da Bem-aventurada Nhá Chica, e se for para a vossa maior glória, a graça que neste momento vos pedimos (*fazer o pedido*). Por Cristo, Senhor nosso. Amém.
Pai-Nosso, Ave-Maria, Glória-ao-Pai...

OITAVO DIA

"Pode ir, seu filho está curado"

Em nome do Pai, do Filho e do Espírito Santo. Amém.

Oração inicial

Virgem da Conceição, vós fostes aquela Senhora que entrastes no céu vestida de sol, calçada de lua, coroada de estrelas e cercada de anjos... Vós prometestes ao Anjo Gabriel que socorreríeis todo aquele que invocasse vosso santo nome. Agora é a ocasião. Valei-me, Senhora da Conceição! (*repetir três vezes e pedir a graça desejada*).

Salve, Rainha, Mãe de misericórdia, vida, doçura e esperança nossa, salve! A vós bradamos os degredados filhos de Eva, a vós suspiramos, gemendo e chorando neste vale de lágrimas. Eia, pois, Advogada nossa, esses vossos olhos misericordiosos a nós volvei, e depois deste desterro mostrai-nos Jesus, bendito fruto de vosso ventre, ó clemente, ó piedosa, ó doce sempre Virgem Maria.

Rogai por nós, Santa Mãe de Deus!

Para que sejamos dignos das promessas de Cristo.

Palavra de Deus (Ef 1,3)

"Bendito seja Deus e Pai de nosso Senhor Jesus Cristo, que nos abençoou com toda bênção espiritual nos céus, em Cristo."

Testemunho sobre Nhá Chica

Diz Maria Luiza, de Mogi das Cruzes (SP): "Nhá Chica intercedeu por mim e um milagre aconteceu na minha vida. O meu filho sofria de depressão. Não saía da cama e tentou o suicídio duas vezes. Eu não sabia mais o que fazer. Numa Sexta-feira Santa, eu estava sozinha na Igreja de Nhá Chica e rezei com muita fé. Foi quando vi a imagem dela sentada com meu filho no colo, e ela me disse: 'Pode ir, seu filho está curado'. Cheguei em casa e meu filho já não estava mais na cama. Desde então, ele ficou curado".

Rezemos

Deus nosso Pai, vosso eterno desígnio de salvação atingiu a sua plenitude quando o vosso Filho amado veio ao mundo através da Sagrada Família. Confiamos a vós nossas famílias e todas as famílias do mundo. Que a oração, o amor, o respeito pela vida façam parte de nossas vidas todos os dias.

Por intercessão de vossa serva, a Bem-aventurada Francisca de Paula de Jesus, nós vos pedimos que floresça sempre mais

em nossas famílias o verdadeiro sentido do amor e do respeito mútuo, e que entre nossos jovens possam surgir vocações sacerdotais, religiosas e missionárias que vivam na doação incansável pelo vosso Reino. Concedei-nos também a graça que neste momento vos pedimos (*fazer o pedido*). Por Cristo, Senhor nosso. Amém.
Pai-Nosso, Ave-Maria, Glória-ao-Pai...

NONO DIA

Um exemplo

Em nome do Pai, do Filho e do Espírito Santo. Amém.

Oração inicial

Virgem da Conceição, vós fostes aquela Senhora que entrastes no céu vestida de sol, calçada de lua, coroada de estrelas e cercada de anjos... Vós prometestes ao Anjo Gabriel que socorreríeis todo aquele que invocasse vosso santo nome. Agora é a ocasião. Valei-me, Senhora da Conceição! (*repetir três vezes e pedir a graça desejada*).

Salve, Rainha, Mãe de misericórdia, vida, doçura e esperança nossa, salve! A vós bradamos os degredados filhos de

Eva, a vós suspiramos, gemendo e chorando neste vale de lágrimas. Eia, pois, Advogada nossa, esses vossos olhos misericordiosos a nós volvei, e depois deste desterro mostrai-nos Jesus, bendito fruto de vosso ventre, ó clemente, ó piedosa, ó doce sempre Virgem Maria.

Rogai por nós, Santa Mãe de Deus!

Para que sejamos dignos das promessas de Cristo.

Palavra de Deus

"A graça salvadora de Deus manifestou-se a toda a humanidade. Ela nos ensina a renunciar à impiedade e às paixões mundanas e a viver neste mundo com ponderação, justiça e piedade" (Tt 2,11-12).

Testemunho sobre Nhá Chica

Afirma Cláudio José da Costa, de Três Corações (MG): "A gente reza com fé e é sempre um momento de grande emoção.

Nhá Chica é um exemplo de alguém que, mesmo pobre, mesmo sem recursos, conseguiu ajudar as pessoas com sua simplicidade, seus conselhos e sua oração. É exemplo de uma boa pessoa".

Rezemos

Deus Trindade, Pai, Filho e Espírito Santo, nós vos agradecemos por conceder, ao Brasil e a toda a Igreja, a santidade de Nhá Chica. Que ela, tão pequena, humilde, pobre, mas rica da vossa graça, interceda por nós e nos ajude a viver a humildade, a pobreza em espírito, a oblatividade do coração e a misericórdia para com todos os nossos irmãos. E que busquemos sempre, e em todos os nossos atos, a vossa glória e o bem das pessoas, para que, conduzidos pelo vosso Espírito Santo, nos deixemos moldar conforme a imagem de Jesus.

Consagramos a vós a nossa vida e todo o nosso ser para que se cumpra a vossa vontade santa e que, por intercessão de Nhá Chica, nos concedais a graça que neste momento vos pedimos (*fazer o pedido*). Por Cristo, Senhor nosso. Amém.

Pai-Nosso, Ave-Maria, Glória-ao-Pai...

Oração a Nossa Senhora Imaculada

Ó Maria Imaculada, corredentora do gênero humano! Olhai para os homens, libertados pelo sangue do vosso divino Filho, e ainda envolvidos pelas trevas de tantos erros e no lodaçal dos vícios! "A messe é grande, mas os operários são poucos."

Tende compaixão, ó Maria, dos filhos que Jesus vos confiou ao morrer na cruz! Multiplicai as vocações religiosas e sacerdotais. Dai-nos novos apóstolos, cheios de sabedoria e de fervor. Com vossos cuidados de Mãe, sede o apoio daqueles que consagram sua vida ao bem do próximo. Recordai o que fizestes por Jesus e pelo apóstolo João, e as vossas insistentes preces ao Senhor, para que enviasse o Espírito Santo aos apóstolos. Fostes a conselheira dos primeiros apóstolos e dos apóstolos de todos os tempos.

Com a vossa onipotência suplicante, renovai o divino Pentecostes sobre os chamados ao apostolado. Santificai-os, intensificai sua capacidade de amar e de doar-se, pela glória de Deus e a salvação dos homens. Guiai-os em todos os seus passos. Enriquecei-os de graças, dai-lhes coragem nos momentos de desânimo. E que sua dedicação apostólica seja recompensada com frutos abundantes.

Ouvi-nos, ó Maria, para que todos os homens acolham o Divino Mestre, Caminho, Verdade e Vida, e cheguem à unidade da fé na sua Igreja. Por toda a terra ressoem os vossos louvores. E todos vos venerem como Mãe, Mestra e Rainha. E, assim, possamos todos chegar à bem-aventurança eterna. Amém (Bem-aventurado Tiago Alberione – Fundador da Família Paulina).

Para saber mais

Para conhecer mais sobre a vida de Francisca de Paula de Jesus, leia o livro *Nhá Chica: perfume de rosa*, de Gaetano Passarelli (Paulinas, 2013) e visite o site <www.nhachica.org.br>.

Para saber mais

Para conhecer mais sobre a vida de Francisca de Paula de Jesus, leia o livro *Nhá Chica, perfume de rosa*, de Gaetano Passarelli (Paulinas, 2013) e visite o site <www.nhachica.org.br>.

NOSSAS DEVOÇÕES
(Origem das novenas)

De onde vem a prática católica das novenas? Entre outras, podemos dar duas respostas: uma histórica, outra alegórica.

Historicamente, na Bíblia, no início do livro dos Atos dos Apóstolos, lê-se que, passados quarenta dias de sua morte na Cruz e de sua ressurreição, Jesus subiu aos céus, prometendo aos discípulos que enviaria o Espírito Santo, que lhes foi comunicado no dia de Pentecostes.

Entre a ascensão de Jesus ao céu e a descida do Espírito Santo, passaram-se nove dias. A comunidade cristã ficou reunida em torno de Maria, de algumas mulheres e dos apóstolos. Foi a primeira novena cristã. Hoje, ainda a repetimos todos os anos, orando, de modo especial, pela unidade dos cristãos. É o padrão de todas as outras novenas.

A novena é uma série de nove dias seguidos em que louvamos a Deus por suas maravilhas, em particular, pelos santos, por cuja intercessão nos são distribuídos tantos dons.

Alegoricamente, a novena é antes de tudo um ato de louvor ao Pai, ao Filho e ao Espírito Santo, Deus três vezes Santo. Três é número perfeito. Três vezes três, nove. A novena é louvor perfeito à Trindade. A prática de nove dias de oração, louvor e súplica confirma de maneira extraordinária nossa fé em Deus que nos salva, por intermédio de Jesus, de Maria e dos santos.

O Concílio Vaticano II afirma: "Assim como a comunhão cristã entre os que caminham na terra nos aproxima mais de Cristo, também o convívio com os santos nos une a Cristo, fonte e cabeça de que provêm todas as graças e a própria vida do povo de Deus" (*Lumen Gentium*, 50).

Nossas Devoções procuram alimentar o convívio com Jesus, Maria e os santos, para nos tornarmos cada dia mais próximos de Cristo, que nos enriquece com os dons do Espírito e com todas as graças de que necessitamos.

Francisco Catão

Coleção Nossas Devoções
- *A Senhora da Piedade*. Setenário das dores de Maria – Aparecida Matilde Alves
- *Albertina Berkenbrock*. Novena e biografia – Sérgio Jeremias de Souza
- *Divino Espírito Santo*. Novena para a contemplação de dons e frutos – Mons. Natalício José Weschenfelder e Valdecir Bressani
- *Dulce dos Pobres*. Novena e biografia – Marina Mendonça
- *Frei Galvão*. Novena e história – Pe. Paulo Saraiva
- *Imaculada Conceição*. Novena ecumênica – Francisco Catão
- *Jesus, Senhor da vida*. Dezoito orações de cura – Francisco Catão
- *João Paulo II*. Novena, história e orações – Aparecida Matilde Alves
- *João XXIII*. Biografia e novena – Marina Mendonça
- *Maria, Mãe de Jesus e Mãe da humanidade*. Novena e coroação de Nossa Senhora – Aparecida Matilde Alves
- *Menino Jesus de Praga*. História e novena – Giovanni Marques
- *Nhá Chica*. Novena, história e orações – Aparecida Matilde Alves
- *Nossa Senhora Achiropita*. Novena e biografia – Antonio S. Bogaz e Rodinei Thomazella
- *Nossa Senhora Aparecida*. História e novena – Maria Belém
- *Nossa Senhora da Cabeça*. História e novena – Mario Basacchi
- *Nossa Senhora da Luz*. Novena e história – Maria Belém
- *Nossa Senhora da Penha*. Novena e história – Maria Belém
- *Nossa Senhora da Salete*. História e novena – Aparecida Matilde Alves
- *Nossa Senhora das Graças ou Medalha Milagrosa*. Novena e origem da devoção – Mario Basacchi
- *Nossa Senhora de Caravaggio*. História e novena – Pe. Volmir Comparin e Pe. Leomar Antônio Brustolin
- *Nossa Senhora de Fátima*. Novena e história das aparições aos três pastorzinhos – Mons. Natalício José Weschenfelder
- *Nossa Senhora de Guadalupe*. Novena e história das aparições a São Juan Diego – Maria Belém
- *Nossa Senhora de Lourdes*. – Tarcila Tommasi
- *Nossa Senhora de Nazaré*. Novena e história – Maria Belém

- *Nossa Senhora Desatadora dos Nós*. História e novena – Frei Zeca
- *Nossa Senhora do Bom Parto*. Novena e reflexões bíblicas – Mario Basacchi
- *Nossa Senhora do Carmo*. Novena e história – Maria Belém
- *Nossa Senhora do Desterro*. História e novena – Celina H. Weschenfelder
- *Nossa Senhora do Perpétuo Socorro*. História e novena – Mario Basacchi
- *Nossa Senhora Rainha da Paz*. História e novena – Celina Helena Weschenfelder
- *Novena à Divina Misericórdia*. Santa Maria Faustina Kowaslka, história e orações – Tarcila Tommasi
- *Novena do Bom Jesus* – Francisco Catão
- *Novena das Rosas*. História e novena a Santa Teresinha do Menino Jesus – Aparecida Matilde Alves
- *Ofício da Imaculada Conceição*. Orações, hinos e reflexões – Cristóvão Dworak
- *Orações do cristão*. Preces diárias – Celina H. Weschenfelder (org.)
- *Padre Pio*. Novena e história – Maria Belém
- *Paulo, homem de Deus*. Novena de São Paulo, Apóstolo – Francisco Catão
- *Reunidos pela força do Espírito Santo*. Novena de Pentecostes – Tarcila Tommasi
- *Rosário por uma transformação espiritual e psicológica* – Gustavo E. Jamut
- *Rosário dos enfermos* – Aparecida Matilde Alves, fsp
- *Sagrada face*. História, novena e devocionário – Giovanni Marques
- *Sagrada Família*. Novena – Pe. Paulo Saraiva
- *Sant'Ana*. Novena e história – Maria Belém
- *Santa Cecília*. Novena e história – Frei Zeca
- *Santa Edwiges*. Novena e biografia – J. Alves
- *Santa Filomena*. História e novena – Mario Basacchi
- *Santa Joana d'Arc*. Novena e biografia – Francisco de Castro
- *Santa Luzia*. Novena e biografia – J. Alves
- *Santa Paulina*. Novena e biografia – J. Alves

- *Santa Rita de Cássia.* Novena e biografia – J. Alves
- *Santa Teresinha do Menino Jesus.* Novena e biografia – Mario Basacchi
- *Santo Afonso de Ligório.* Novena e biografia – Mario Basacchi
- *Santo Antônio.* Novena, trezena e responsório – Mario Basacchi
- *Santo Expedito.* Novena e dados biográficos – Francisco Catão
- *São Benedito.* Novena e biografia – J. Alves
- *São Bento.* História e novena – Francisco Catão
- *São Cosme e São Damião.* Biografia e novena – Mario Basacchi
- *São Cristóvão.* História e novena – Pe. Mário José Neto
- *São Francisco de Assis.* Novena e biografia – Mario Basacchi
- *São Geraldo Majela.* Novena e biografia – J. Alves
- *São Guido Maria Conforti.* Novena e biografia – Gabriel Guarnieri
- *São José.* História e novena – Aparecida Matilde Alves
- *São Judas Tadeu.* História e novena – Maria Belém
- *São Marcelino Champagnat.* Novena e biografia – Ir. Egídio Luiz Setti
- *São Miguel Arcanjo.* Novena – Francisco Catão
- *São Pedro, Apóstolo.* Novena e biografia – Maria Belém
- *São Sebastião.* Novena e biografia – Mario Basacchi
- *São Tarcísio.* Novena e biografia – Frei Zeca
- *São Vito, mártir.* História e novena – Mario Basacchi
- *Tiago Alberione.* Novena e biografia – Maria Belém

Rua Dona Inácia Uchoa, 62
04110-020 – São Paulo – SP (Brasil)
Tel.: (11) 2125-3500
http://www.paulinas.com.br – editora@paulinas.com.br
Telemarketing e SAC: 0800-7010081